わたしたちのくらしと地方議会

②議員の仕事

監修　廣瀬和彦

はじめに

みなさんは議員と聞いたときにどんなイメージを思いうかべますか？

おそらくテレビでよく見る国会議員が思いうかぶのではないでしょうか。

みなさんの生活するまちには、国会議員よりもっと身近な、

生活に直結するさまざまな決め事を

みなさんに代わって決定している地方議会議員がいます。

でも、最も身近な地方議会議員がどんな活動をしているか知っていますか。

ぜひこの本を読んで、自分のまちの地方議会議員が、そして地方議会が

どんな活動をしているか興味をもってほしいのです。

みなさん自身もいっしょにまちづくりに参加する

きっかけとなってもらえるとうれしいです。

廣瀬和彦

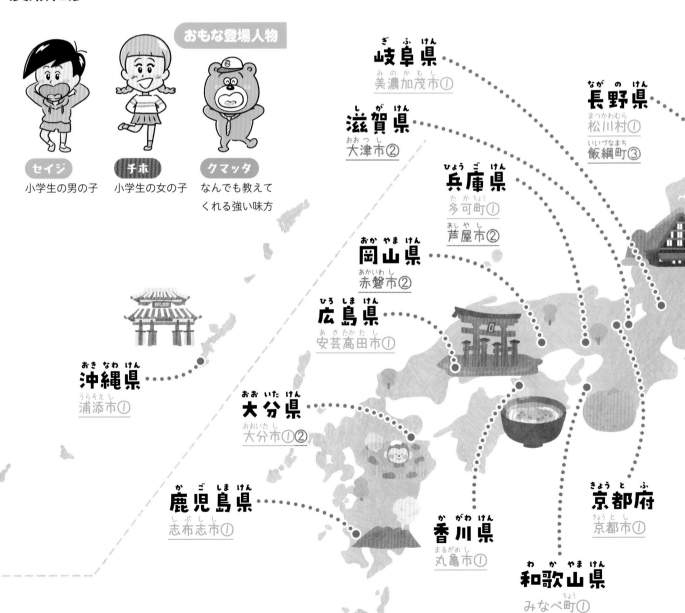

おもな登場人物

セイジ
小学生の男の子

チホ
小学生の女の子

クマッタ
なんでも教えて
くれる強い味方

岐阜県
美濃加茂市①

長野県
松川村①
飯綱町③

滋賀県
大津市②

兵庫県
多可町①
芦屋市②

岡山県
赤磐市②

広島県
安芸高田市①

沖縄県
浦添市①

大分県
大分市①②

鹿児島県
志布志市①

香川県
丸亀市①

京都府
京都市①

和歌山県
みなべ町①

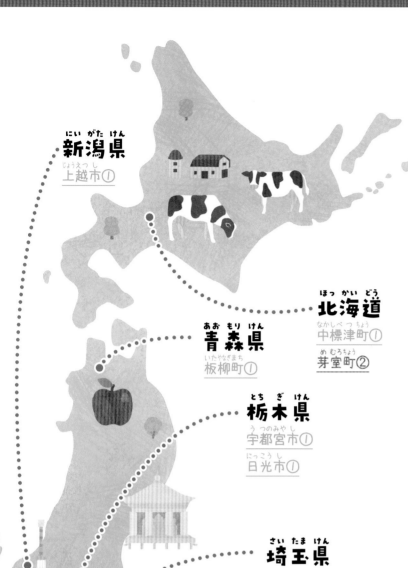

このシリーズに協力してくれた自治体

※①②③は掲載している巻数です

新潟県
じょうえつし
上越市①

北海道
なかしべつちょう
中標津町①
めむろちょう
芽室町②

青森県
いたやなぎまち
板柳町①

栃木県
うつのみやし
宇都宮市①
にっこうし
日光市①

埼玉県
さいたまけん
埼玉県②
かわぐちし
川口市③

茨城県
ばんどうし
坂東市②

千葉県
ふっつし
富津市①

東京都
ぶんきょうく
文京区①③
まちだし
町田市①
すみだく
墨田区②

神奈川県
ふじさわし
藤沢市①

この本の使い方

この章で何を学ぶのか、
まんがやイラストでわかります

大切なことが見出しになっています

イラストや図や表を使って
わかりやすく説明しています

いろいろな議員の仕事が
わかります

もくじ

地方議員ってなんだろう？〜いったいどんなことをしているの？〜

2章

いろいろな議員の働き方〜議員はどこで何をしている？〜

条例可決

クドウ市長

まとめまんが

みんなのためにがんばる地方議員

市町村や都道府県など、その地域の行政を進める組織を「地方公共団体（地方自治体）」といいます。この本では地方公共団体を「まち」と呼び、まちの代表としてまちづくりを行う、地方議会議員（地方議員）を見ていきます。

地方議員ってどんな人？

わたしたちが住むまちのことを、わたしたちの代表として話し合って決めるのが、地方議員です。いったいどんなことをしているのでしょうか。

┃議員は選挙で選ばれる

地方議員は、その地域に住む人によって選挙で選ばれます。

議員が務める期間（任期）は原則4年だよ

┃議員になれるのはどんな人？

①日本国籍がある。②満25歳以上。③選挙が行われるまちに引き続き3か月以上住んでいる。これらの条件を満たしている人です。

地方議員の男女の人数

凡例：
- ▨ 女性
- ▨ 男性

	女性	男性
都道府県議会議員	306人	2292人
市区*議会議員	3263人	15435人
町村議会議員	1260人	9465人

（横軸の目盛り: 0 2000 4000 6000 8000 10000 12000 14000 16000 （人））

（総務省「地方公共団体の議会の議員及び長の所属党派別人員調」より。数字は令和3年12月31日のものです）

女性議員は少ないのね

わたしたちが地方議員のことをくわしくお話ししましょうか？

じゃあ説明をお願いしようかな！

国には国会議員がいる

日本という国全体に関係する働きをしているのが国会議員です。地方議員がまちづくりをするように、国会議員は国づくりをしています。

＊市区議会の「区」は東京都にある23の「特別区」のことで、それぞれに議会があり、議員がいます。

地方議員はどこで何をしている？

地方議員は議会と呼ばれる場所に集まって、まちづくりについて話し合いをしています。ただし話し合いをする期間が決まっているので、それ以外はまちのあちこちで住民の声を聞いたり、調べものをしたり、行事に出席したりしています。

調べてみよう！

あなたのまちの議員は
どこにいるかな？

地方議員の報酬はどのくらい？

報酬はまちごとにちがいます。議員活動に必要な交通費や電話料金などは、「政務活動費」として報酬とは別に支払われます。

報酬は毎月もらう
給料のような
ものだよ

都道府県議会議員報酬ランキング　トップ3
（月額議員報酬のみ）

1 愛知県		97万7000円
2 神奈川県		97万円
3 京都府		96万円

（総務省「令和2年4月1日地方公務員給与実態調査結果」より）

都道府県や大都市
のほうが町や村の
議員より高めです

町村議員の報酬は平均21万3726円

多くの町村議員の報酬は20万円ぐらいです。大変な仕事なのに少ないのではといわれています。
（全国町村議会議長会「町村議会議員の議員報酬のあり方　最終報告（平成31年3月）」より）

やりがいがある
仕事でもお金が
少ないのは困るなぁ

こんなに
差があるのね！

地方議員が議会でしていること①

地方議員は議会に集まってどんなことをしているのでしょうか。
まずは議会のしくみと議員の役割を調べてみましょう。

▌議会では定期的に話し合いが行われる

地方議員は定期的に集まり、まちづくりに関する会議をします。これを本会議といいます。本会議
では首長から提出された予算案や条例案などについて話し合い、まちの将来を決定します。

本会議の1年間の予定（例）

1月	2月	3月	4月	5月	6月	7月	8月	9月	10月	11月	12月
	定例会 →			臨時会	定例会 →			定例会 →		定例会 →	

地方議会では多くの場合、2・6・9・11月の年4
回、定例会が開かれます。このほかに議会での話し
合いが必要な場合、「臨時会」を開くことがありま
す。それぞれの会の期間は、話し合う議案の数や内
容によって初日に決めます。

1年中いつでも会議ができる議会もある

「通年会期制」といって会期を1年とし
て、必要なときに会議ができるようにし
ているまちもあります。本会議の回数も
決まっていません。災害時などの緊急の
話し合いが必要な場合に、すばやく対応
できるのがよい点です。

4回の定例会と
1回の臨時会を開く
まちが多いですね

定例会や臨時会が
開かれている期間を
会期といいます

議員は議会での役割がある

議会で話し合いをスムーズに進めるために、議員にはいろいろな役割があります。

議長の役割

議員の中から議長を一人選びます。議長は話し合いを進めたり、意見を整理したりする議会のまとめ役です。

議長は議会の代表者なのよね！

委員会の役割

難しい議案を少ない人数で、くわしく話し合うのが委員会です。議員になると、どこかの委員会に入ります。

委員会をまとめるのは委員長だよ！

調べてみよう！
あなたのまちの議会には委員会がいくつあるかな？

議会の中に委員会がある

学校にも図書委員や保健委員などがあるように、議会の委員会もそれぞれの分野に分かれています。下の5つは代表的な例です。

総務委員会

まちの整備計画や税、交通安全など、ほかの委員会ではやらない議案を担当します。

予算委員会

まちのお金を何に使うか決める「予算案」と、それにかかわる議案を審査します。

建設委員会

道路や建物、水道や電気、河川の整備などについての議案を審査します。

福祉・医療委員会

子育て支援、介護や福祉、病院や感染症対策などにかかわる議案を審査します。

議会運営委員会

本会議の進め方や議会の中の決まりなど、議会そのものにかかわることを担当します。

委員会によって話し合うことがちがうんだね！

まだまだいろいろな委員会があるよ！

地方議員が議会でしていること②

地方議員は議会での話し合いをどのように進めていくのでしょうか。
またその結果、最後にどのようになるかを見てみましょう。

議員は本会議と委員会で何度も話し合う

議員は会期中、全員で話し合う「本会議」と、少ない人数で専門的に調査をする「委員会」
をくり返し、その議案を深く知ったうえで結論を出します。

①議案が提出される

1回の会期で何十本もの議案が提
出されることもあります。

議案はおもに首長から
提出されるよ

②本会議で全員で話し合う

提出者が議案の内容を説明し、議員が疑問点などを問いただします。
その後、それぞれの議案にかかわる委員会に審査を依頼します。

③委員会でくわしく話し合う

議案について、話し合いをくり返し、
委員会として賛成か反対か決めます。

専門家に話を
聞くこともあるよ

④本会議でもう一度全員で話し合う

委員会の委員長が、本会議で報告します。ほかの議員の疑問が
なくなるまで話し合います。

多数決で
決めます

賛成か反対か、採決を行う

議会として賛成か反対かを決めることを採決といいます。
最後に議員が多数決で決めます。

委員会や本会議で
よく話し合ってから
採決します

結果はおもに
2通りあるよ

可決

賛成した議員が多い場合は可決になります。可決された議案は、役所によって実行されます。

廃案とは採決をせずに
とりやめることです

可決しないと
どうなるの？

否決

反対の議員が多かった場合、否決になります。否決された議案は実行されません。

いろいろ
話し合ってから
決めているんだね

話し合いが長引くと？

審査が進まず、話し合いがまとまらないときは、その議案は廃案になります。ただし、必要があると本会議で決めたときは、例外的に会期が終わっても委員会で継続して審査を続けることができます。

議員さんに聞いてみた！

**海岸の堤防を強くする
防災条例を決めました**

台風や高潮に備えて、しっかりした堤防をつくってほしいという声がありました。国や県の対応を待っていると何年もかかるので、まち独自の防災条例を定めて護岸を新しくつくれるようにしました。

**出された議案を
自分で調べています**

地方議会の一番大事な仕事は、議案を決定することです。役所から提出された議案にむだがないか、住民の要望に合っているかなど、自分でよく調べて考え、賛成か反対かを決めるようにしています。

地方議員が議会でしていること③

地方議員は、首長や役所が行っているまちづくりやお金の使い道が
正しいか、本当に必要かどうかをチェックします。

住民の代わりに役所の仕事をチェックする

議員も首長も選挙によって選ばれた住民の代表です。議員は議案についての説明を聞き、疑問に
思ったことを問いただすことで、首長や役所が正しく仕事をしているかチェックしています。

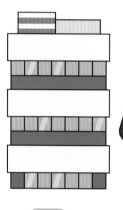

条例や予算などの
議案を提出します

条例や予算などの
議案について議決します

役所　首長

議会

執行機関

役所は首長をリーダーとして、住民の意見を聞いて議案をつくり、まちづくりを実行します。

議事機関

議案が、本当に住民のためになるか、調査・審査をして、実行するかしないかを決めます。

首長と議員は
けんかに
ならないの？

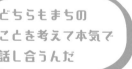

どちらもまちの
ことを考えて本気で
話し合うんだ

一般質問と質疑

一般質問とは

議員が首長に役所の仕事について質問すること。役所の仕事に関することであれば、なんでも質問できます。

質疑とは

議員が議案提出者に、議案について問いただすこと。議案と関係ないことを聞いたり、議員が意見を言ったりすることはできません。

① 質問・質疑をするために議員がやること

提出された議案が本当に必要か確認するため、議員は調査をします。実際に住民の声を聞いたり、専門家に意見を聞いたりして、疑問があれば本会議で問いただします。

10億円かけて
図書館を
建て直します

首長

新しい図書館を
希望する
住民は多い？

いつ
建て直すの？

図書館より
先に必要な
ものはないか

本当に
10億円も
かかる？

今のままでは
ダメな理由は？

だれでも思う
疑問をもとに
調べていきます

議員さんに聞いてみた！

議案について
自分でよく調べて
判断します

首長や役所の議案はよく考えられているので、そのまま認めてもよいのでは？という意見もありますが、物事にはよい面と悪い面があるので、自分で調べたり考えたりしたうえで、認めるかどうか判断しています。

小学校を
減らす案に反対した
こともあります

町立小学校を5校から3校へ減らす案が出されたので調査すると、残すのはまちの西側に2校、東側に1校とバランスが悪いため、検討が不十分とわかりました。この案には反対し、否決になりました。

子ども議会を知ろう!

小中学生が議員になって、本物の議会のように体験できるのが「子ども議会」です。よりよいまちづくりのために、開催するまちが増えています。ここでは「子ども議会」が行われる理由や流れを見ていきましょう。

ひょえ〜！
本物の会議場で
開かれるんだ!!

東京都墨田区*で開かれた「中学生区議会」の様子。中央の演壇で中学生議員が代表質問をしているところです。大人の議員と同じように区の政治について質問や提案を行いました。

どうして子ども議会が開かれるの？

小中学生に議会や行政について学んでもらうことで、まちの将来に関心をもってもらいたいという理由で開かれています。まちの中のいろいろな小学校の代表者が子ども議員に選ばれますが、中学生のみを対象にしているまちもあります。

きみのまちでも
開催されているかな

実際に議長や議員、
首長も出席して、
みんなの意見を
聞いています

＊東京都にある23の「区」は「特別区」と呼ばれ、それぞれに議会があり、区長、議員がいます。

子ども議会の流れ

話し合って決めるのね！

事前の勉強会

子ども議会の議長役や質問する順番を決めます。また、質問を伝え、答えをしっかり聞くために勉強会を行っています。

任命式があるなんて、緊張しちゃう〜

任命書と議員バッジを受け取る

開催前に議長室で子ども議員の任命式が行われます。任命書と議員バッジを受け取って、いざ本会議場へ。

子ども議員を議員さんたちが助けてくれるよ

子ども議会での質疑・一般質問の内容は、後日「議会だより」などで見られます

本会議場で質問や提案をする

一人ずつ演壇に立って発表します。子ども議員の質問には首長が答えることが多いですが、子ども議員同士で話し合うこともあります。子ども議会に出された意見を参考にして、実際のまちづくりに生かされることもあります。

いろいろな議員の働き方
～議員はどこで何をしている？～

Ⅰ 議会ではたくさんの人が働いている

地方議員のおもな職場はまちの議会です。議会と本会議場の大きさは
まちによってちがいます。

どのまちにも
必ずあるんだ！

議長室
議長が議会の準備を
したり、来客と会っ
たりしています。

議会事務局
職員が議会で使う書類
や、議事録などをつ
くっています。

議会図書室
昔の議会の記録
や議案について
調べることがで
きます。

名札
議員は議会に来ると登庁
（出席）のボタンをおしま
す。帰るときは退庁（退
席）にします。

執務室
新人議員のための研修
や、政治の勉強会が行
われています。

議員さん以外の
人もいるのね！

みなさんがくらすまちには、いろいろな問題や住民の要望があります。地方議員にもいろいろな人たちがいて、まちのために働いています。ここからは、それぞれの議員の働き方を見ていきましょう。

委員会会議室
委員会の話し合いが行われています。

首長席
議会に首長が出席しています。

議長席
議長は話し合いがスムーズに進むように努めます。

事務局長席
議長を助ける事務局長が座っています。

本会議場

演壇
議案の提案者が説明をしたり、議員が質疑を行ったりします。

議席（議員席）
本会議中、議員は氏名標がある決められた席に座ります。

大人がいっしょなら子どもが聞くこともできる議会もあるよ

傍聴席
住民は本会議を聞くことができます。

いろいろな議員の働き方 ～議員はどこで何をしている？～

初めて当選した新人議員

だれでも最初は1年生！　それは地方議員も同じです。議員の仕事になれるためには、しなくてはいけないことがたくさんあります。

住民の声を聞くのが一番大事

たくさんの住民や応援してくれる人から直接話を聞くようにしています。そのために、いろいろな人とよく電話をします。

バッジが議員の証し

地方議員になると議員バッジをもらえます。議会に出席するときは必ずつけるようにしています。議員を辞めるときには返します。

アイダ議員

35歳。議員1期目。市役所の職員から、議員になる。31歳で立候補した初めての選挙では落選。その後、4年間活動を続けて初当選した。

フットワークが大事！

さまざまな場所に出かけることが多いので、動きやすい服装を心がけています。

1 新人議員の1日を見てみよう

本会議に出席するのが一番大事な仕事です。でも、しばらくはわからないことも多いので、政治について勉強したり、研修会に出たりと、本会議がないときもすることがたくさんあります。

> 休みの日には地元の行事に出席することもあります

会期中のある1日の行動

午前6時	7時	8時	9時 10時 11時	12時	午後1時 2時 3時	4時	5時 6時	7時	8時 9時	10時 11時 午前0時	1時
起きる、朝食ニュースをチェックする		議会へ移動する	本会議に出席する	昼食	本会議に出席する		意見書を読む調べものをする	委員会に出席する	帰宅、夕食、入浴	政治の勉強や調べものをする	ねる

会期外のある1日の行動

午前6時	7時	8時	9時 10時 11時	12時	午後1時 2時 3時	4時	5時 6時	7時	8時 9時	10時 11時 午前0時	1時
起きる、朝食ニュースをチェックする	駅であいさつなどの活動をする		視察や調査などに出かける	昼食	政策勉強会に参加する		議会の報告をする	住民の要望を聞く	帰宅、夕食、入浴	政治の勉強や調べものをする	ねる

> いそがしいね!

議員さんに聞いてみた!

> 1期目の4年間はあっという間。目標をもって活動しています

わたしは、1期の3年目ですが、ここまであっという間に過ぎた印象です。日々の政治の勉強と、議会にかかわる人たちとのつながりをつくるだけでも大変です。先輩議員からは、短期間と長期間の目標をそれぞれもつようにとアドバイスをもらっています。

> 右も左もわからない新人だからこそ、できることがある

新人議員の最大の強みは、まわりについてよく知らない点だと思います。よく知らないからこそ、遠慮なく思い切った発言ができます。もしまちがっていれば謝ればいいのです。思い切った行動をとってまちにつくすことは、新人のうちしかできないことだと思います。

1 議員になって変わったこと

選挙で当選して議員になると、いろいろなことが変わります。どんなことが変わるのか見てみましょう。

議員になった実感がわいてきます

当選証書 アイダ殿

特別職の地方公務員になる

地方公務員とは、役所や警察などで働き、地方自治体から給料や報酬をもらって働く人のことです。議員や首長などは「特別職」と呼ばれています。

当選証書と議員バッジをもらう

選挙で当選すると、当選した証明として「当選証書」と、議員のしるしとなる議員バッジがもらえます。活動するときは議員バッジを身につけます。

議員名簿に載る

議員になると、そのまちの議員名簿に名前が載ります。議員名簿は議会のホームページなどでも公開され、名前のほか、住所、連絡先や顔写真などが載せられます。

議会の施設を利用できる

議会には、本会議が行われる本会議場のほか、議会図書室や委員会会議室など、議員の仕事をスムーズに行うための施設があります。

責任が増す

議員になるということは、それだけ住民から信頼されているということです。まちづくりをまかされていることを忘れず、その期待を裏切らない行いが求められます。

新人は一日中議会にいる日もあるんだって

えぇ!?ずっとなの?

議員のための食堂もあるんだよ

住民の信頼

1 議員になってしなければいけないこと

最初は議員の仕事を覚えることが一番ですが、それだけでは選挙のときにした約束が守れません。どんなことをしているのでしょう。

選挙で掲げた目標を守る

選挙のときに「議員になったらこれに取り組む」と住民に発表した目標を「公約」といいます。当選後は実現をめざします。

政治に興味をもってもらうようにする

政治への興味を高めるのも議員にとって重要な仕事。自分のホームページやSNSなどでも、まちの状況や議員の活動について、広く住民に伝えます。

政治の勉強をする

議会が開く研修のほか、大学で政治の勉強をしたり、先輩議員たちの集まりに参加したりして、自主的に学んでいます。

同じ意見をもつ人を増やす

一人の力でまちづくりを進めるのは簡単ではありません。そこで、同じ新人の中から意見の合う人を探し、協力して目標達成をめざします。

ボクたちの知らないところでたくさん勉強してるんだね

（写真提供：地方議会総合研究所）

初当選した議員同士で協力します

いろいろな議員の働き方 〜議員はどこで何をしている?〜

議員さんに聞いてみた！

長く住民のために働いてまちをよくしたい

選んでくれた住民の方たちの気持ちにこたえるために、最初の4年間で議員を終えるのではなく、2期、3期と議員を続け、長く働ける議員でありたいと思っています。政治はすぐに答えが出ることだけではありません。目の前の問題だけでなく、長期的に考えてまちにとってよいことか、そうでないかを見定められる議員になりたいと考えています。

目標のために無所属で活動しています

議会では多数決で物事が決まるため、仲間が多いと有利です。そのため党という組織に入る議員もいます。新人議員は特に、党に入らないと何から何まで自分でしなければいけないので大変なのですが、わたしは党に入らずに活動しています。これを無所属といいます。それは、自分の目標と党の目標がちがった場合に活動しにくくなるためです。

23

何度も当選しているベテラン議員

長年議員をしていると、まちづくりについていろいろなことを知ることができます。
その経験を生かして、ほかの人にはできないことを行っています。

イノウエ議員

63歳。議員7期目のベテラン。議員はもちろん、首長や役所の人たちにもよく知られている。

新人議員の先生役

初当選した新人に、議員として気をつけることを教えています。新人のお手本になるのもベテラン議員の役目です。

たよりにされるベテラン議員

長く議員をしているので、まわりからたよりにされています。以前は議長を務めたこともありますが、現在は建設委員会の委員長を務めています。

書類の山

本会議や委員会に提出される書類には、必ず目を通します。疑問に思ったことがあれば、それを書き出したり、昔の議事録を調べたりするようにしています。

▌首長や役所が気づかない議案は議員がつくる

まちには多くの人がくらし、それぞれの考えをもっているため、首長や役所の職員だけでは意見を聞ききれず、議案にならないこともあります。こういうときは議員が助けることで、よいまちをつくっていくことができます。

議員も議案を考え、提出できます

▌「再生可能エネルギー条例」制定までの流れ

ベテラン議員はそれまでの経験を生かして議案を提出することもあります。ここでは、一つの条例を例にあげて、ベテラン議員の仕事を見ていきましょう。

人口減少

防災

住民のくらし

安定した産業

地域経済

①住民たちの不安の声をまとめる

地球温暖化や大気汚染など、まちにくらす人たちが不安に思うことを聞き、まちとして何かできないか、考えることから始めました。

二酸化炭素を出さないクリーンなエネルギーが、住民から注目されていると知りました。

住民が不安に思うことの中で、どれを先に考えるかも大切です

便利さ

温暖化 大気汚染

自分のまちでできることを考えるのね！

②委員会で話し合う

建設委員会でこの問題について話し合いました。できることの一つとして、まちとして再生可能エネルギーをすすめる案が出ました。

委員会では問題をどうすればよいのかを話し合います。すぐに答えが出ない場合は、調査を行います。

専門家の話を聞き、何ができるかの説明を住民に行います。多くの意見を集めることが大切です。

③広く意見を聞く

再生可能エネルギーの導入案を進めるために、意見交換会や説明会を開いたり、インターネットでパブリックコメントを集めたりしました。

パブリックコメントというのは、広く意見を聞いて参考にすることだよ

説明会

パブリックコメント募集中

④議案きまとめ、議長に提出する

再生可能エネルギーの導入が必要という意見が多く集まり、委員会でも賛成の意見がまとまったので、委員長として「再生可能エネルギー条例の制定案」をまとめ、議長に提出しました。

委員長から議案を受け取った議長は、内容を確認して、次の本会議で話し合われる事柄に加えます。

議長さんにわたして議会で話し合うのね

委員会には必ず委員長がいる

委員会の委員長は、委員の中から選ばれます。委員長は委員会の意見をまとめたり、話し合いの結果を本会議で報告したりします。

議案

⑤本会議で説明する

まちとして再生可能エネルギーを導入しやすくするために、なぜこの条例が必要かを説明します。

説明の後に質疑に答えます

議案の説明は演壇に立って行います。説明が終わった後に、ほかの議員や首長から質疑を受ける場合もあります。

⑥採決

質疑にすべて答えた後は、議長が採決をとります。「再生可能エネルギー条例の制定案」は賛成多数で可決されました。

この条例により、まちとして再生可能エネルギーを取り入れることが決まりました。これで少しでも住民の不安が減らせるでしょう。

みんなでまちを変えていくんだね！

じょうれいかけつ
条例可決

議員さんに聞いてみた！

委員長を経験したことで議案を深く理解できるようになりました

わたしが委員長を務めたのは建設委員会で、定数は7人、任期は2年でした。まちの道路や水道、公園の管理や公民館の建設、商店街の再開発など多くの分野を担当します。一方から見るとよい議案でも、別の見方をするとダメなことがあったので、いろいろな面から考えるようになりました。

議会が活性化するよう、基本条例を制定しました

住民にわかりやすく、活発な議論ができるように、また、むだのない議会運営をめざして「議会基本条例」を制定しました。それまでの議会運営の基本ルールを見直し、無所属議員の質問時間をつくり、議員の質問に答えるだけだった役所からも質問できるようにして、より深く議論できるようになりました。

27

子育てを応援する議員

子どもを育てることは、とても大変なことです。まちの将来のためにも、子育て家庭を応援する活動に力を入れている議員はたくさんいます。そんな議員の仕事を見てみましょう。

ウエダ議員

42歳。議員2期目。子育てをしやすいまちにするため、保育士の経験を生かして議員となる。

経験をいかす

子どもとふれ合ってきた経験から議案をくわしく調べて、本当に必要かしっかり考えています。

エンドウ議員

37歳。議員1期目。2人の子どもを育てる母親。小学校の建設が中止になったことをきっかけに議員になった。

身近な親子の声を聞く

自分の子どもやその友達、親から実際の声を聞いて、まちづくりに役立てています。

子育てをしている人、していない人、両方から意見を聞く

子育てがしやすいまちづくりのために、子育てをしている親や子どもから声を集めます。自分の子どもやその友達、子育て中の知り合いにも話を聞きます。また、直接子育てをしていない住民からも、まちの子育てを応援する取り組みについて意見を聞き、何をすればよいのか考えます。

子育てをしていない人の意見も大事なのね

実際にどんな形で応援できるかを話し合う

問題を解決するために、委員会や議会で話し合います。首長や役所へ、住民からこういった意見が出ていると伝えることもあります。

まちぐるみでできることがないか考えます

実際に住民の声が形になった例

帰りがおそくなるので、子どもが心配……
放課後に空き教室を使った児童クラブを設置

親どうしで情報交換できる場所がほしい……
公民館に親子で使える共用スペースを設置

子どもの遊び場が少ない……
商店街の空いたお店を使った絵本図書館の設置

子育てについて相談したい……
子育て電話相談室の開設

議員さんに聞いてみた！

情報が伝わりやすくなるようにホームページを工夫

出産や育児について、まちからどんな助けが受けられるのかわかりにくいという声がありました。そこでまちの福祉課のホームページに情報をまとめ、必要な書類のダウンロードもホームページからできるように変えてはどうかと提案しました。まちの広報や窓口での案内もあって、わかりやすくなったと聞いています。

食材の値上がりに合わせて、学校給食の予算を追加しました

わたしのまちの学校給食は、児童や生徒の健康を考えて安全な献立になっています。しかし最近は食材の値上げが続き、このままでは給食が続けられないと考え、議会として追加予算を申請するようにしました。その結果、今まで通り安心・安全な学校給食を提供できています。

住民の声をまちだけで解決できないこともある

法律や国の決まりにかかわる困り事など、地方議会だけでは解決できない問題もあります。そんなときは、議会が住民の声を意見書としてまとめてほかのまちや国に伝えます。

県をまたぐ橋、文化財に指定されている神社やお寺などは、都道府県や国が管理していることもあります。こうした施設に問題が起きたときは、自分のまちだけでは解決できないため、都道府県や国にお願いする必要があるのです。

「子ども・子育て支援制度に関する意見書」を国に提出するまでを見てみよう

①意見書を出そう！

住民から子ども・子育て支援制度について、不満の声がありました。しかし、この制度は国による取り組みであり、まちの力だけでは解決できません。そこで国に意見書を提出し、改善を求めることにしました。

②今の状況を調べる

住民の声を受け、実際にその場所を見に行ったり、ほかの住民の意見を聞いたり、現在の状況をより深く知るための調査をしました。その結果、ほかにも同じ不満をかかえる人が多くいることがわかり、改めて意見書が必要だと感じました。

③意見書案をつくる

まちでの調査をもとに、意見書案をつくります。意見書は議会全体の意見として国に届けられるものです。そのため、議案と同じように本会議で話し合いをして、議会に認められなければ提出できません。

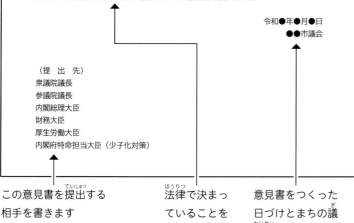

意見書の題名を書きます　　意見のもとになった説明をします

子ども・子育て支援制度に関する意見書

　保育所における保育時間は、児童福祉施設の運営基準においては、1日につき原則8時間とされている。他方で、平成27年4月から本格施行された「子ども・子育て支援新制度」においては、フルタイムの就労を想定した「保育標準時間」とパートタイムの就労を想定した「保育短時間」という二つの区分が設定され、保育標準時間における保育必要量は11時間とされている。
　この支援新制度は、子ども・子育て家庭を対象に、幼児教育、保育、地域の子ども・子育て支援の質の向上及び量の拡充を図るものであり、保育標準時間での利用のため、保育所を11時間以上開くことが求められている。このような現状に考え、保育所には、その実態に見合った給付を行う必要がある。
　よって、本市議会は、国において、下記の事項について特段の措置を講じられるよう強く要望する。

■保育の質を高めるため、抜本的な職員の処遇改善の実現を図るとともに、事実上11時間以上開所することを求められている保育所の現状に鑑み、保育所に対する給付費について、職員の配置の実態に見合った算定を行うこと。　←　具体的にしてほしいことを書きます

以上、地方自治第99条の規定により、意見書を提出する。

令和●年●月●日
●●市議会

（提出先）
衆議院議長
参議院議長
内閣総理大臣
財務大臣
厚生労働大臣
内閣府特命担当大臣（少子化対策）

この意見書を提出する相手を書きます　　法律で決まっていることを必ず書きます　　意見書をつくった日づけとまちの議会名を書きます

④議長に提出する

賛成してくれる議員がほかにもいたため、その議員たちといっしょに意見書案を議長に提出します。その後、本会議で話し合いが行われ、意見書を国に提出することが認められます。

⑤国に提出する

正式な意見書がつくられ、議長から国に提出されます。ほかのまちからも、同じ意見が多く出ていたようです。これをきっかけに、解決に向けた取り組みが進むことを願っています。

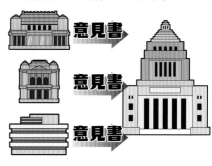

いろいろな議員の働き方 ～議員はどこで何をしている？～

議員さんに聞いてみた！

保育所を助けるしくみを増やすように意見しました

わたしのまちでは保育所の数が年々減っていることが問題でした。なぜ減っているかを調べると、保育所の運営を助けるしくみが少なく、保育士さんが安心して働けないことがわかりました。そこで保育所を安心して続けられるような取り組みをはじめ、もっとたくさん支援をしてもらえるよう知事に意見しました。

子ども・子育て支援法を続けられるように財源の確保を意見しました

子ども・子育て支援法は2012年に公布された国の法律で、子育てを助けるさまざまな取り組みが行われてきました。しかし、そのために使われるお金は、ほかのことにも使われるため、子ども・子育て支援法が後回しにならないよう内閣総理大臣あてに意見書を提出しました。

仕事かけ持ち議員

地方議員の中には、ほかの仕事をしながら議員をしている人もいます。
人口が少ないまちでは、議員になる人が減っているためです。

オダ議員

57歳。議員4期目。両親のあとを継いで、商店街で鮮魚店を営んでいたが、まわりの人からのすすめで議員に立候補した。

地元商店街を守りたい

商店街を守りたいという強い気持ちが、議員になった理由です。お客さんとまちのことについてもよく話しますよ。

毎朝、市場のセリに行く

鮮魚店の仕入れのためにセリに出かけ、その後に本会議へ出席しています。

若い世代に農業を伝える

農業体験の講師を務めていた経験から、未来に農業を伝えていくためにも、議会で発言したいと考えています。

カトウ議員

47歳。議員3期目。以前は高校の先生をしていたが、現在は実家の農業を手伝いながら、議員を務めている。

農作業の時期を少し変える

種まきや除草、収穫などの時期と議会が開かれる期間とがぶつからないようにしています。

地方議員の多くはほかの仕事とかけ持ちしている

人口が少ないまちでは、もともと仕事のある人が議員をかけ持ちしなければならないことも多くあります。男性は特に多く、町村議会議員の約80%がほかの仕事もしている議員です。

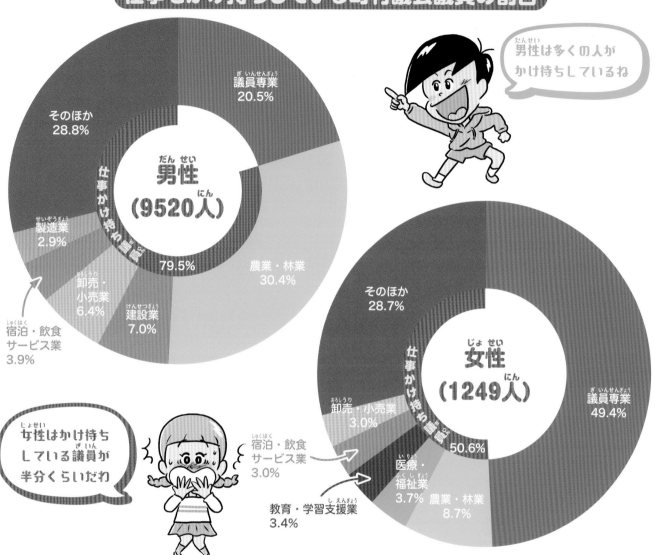

仕事をかけ持ちしている町村議会議員の割合

男性（9520人）
- 議員専業 20.5%
- 農業・林業 30.4%
- 建設業 7.0%
- 卸売・小売業 6.4%
- 宿泊・飲食サービス業 3.9%
- 製造業 2.9%
- そのほか 28.8%
- 仕事かけ持ち議員 79.5%

男性は多くの人がかけ持ちしているね

女性（1249人）
- 議員専業 49.4%
- 農業・林業 8.7%
- 医療・福祉業 3.7%
- 教育・学習支援業 3.4%
- 宿泊・飲食サービス業 3.0%
- 卸売・小売業 3.0%
- そのほか 28.7%
- 仕事かけ持ち議員 50.6%

女性はかけ持ちしている議員が半分くらいだわ

（全国町村議会議長会「第67回町村議会実態調査結果の概要」より。数字は令和3年7月1日のもの。割合は小数点第二位以下を四捨五入しているため一致しません）

町村議会では議員になる人が減っている

人口の少ない町村では、議員に立候補する人がだんだん減っています。そのため、選挙をしても決まった数の議員が集まらず、無投票（投票をしない）で決まってしまうことも多くなっています。

選挙があった年	無投票で当選が決まったまちの割合
平成23年	22.5%
平成27年	23.9%
平成31年	24.8%

（総務省「関係資料集地方議会について」より。町村内の一部の選挙区で無投票当選になったものをふくむ。ここでいう選挙は統一地方選挙のこと）

仕事をかけ持ちする議員の ある日のスケジュール

2つの仕事をかけ持ちしなければならないため、オダ議員もカトウ議員も朝早くから働き始めます。一つの仕事を終えた後は本会議に参加、その後夜おそくまで勉強するなど、とてもいそがしい一日を過ごします。

仕事量に比べて報酬が少ないという声も

仕事をかけ持ちする議員の中には「議員の仕事はとても大変なのに報酬が少ない」という人もいます。また、広い地域を担当する議員は、交通費がかかるので、地域ごとに仕事に見合う報酬が必要だという声も多くあります。

オダ議員の会期中のある1日の行動

午前3時	4時	5時	6時	7時	8時	9時	10時	11時	12時	午後1時	2時	3時	4時	5時	6時	7時	8時	9時	10時	11時
起きる、市場へ行く		魚市場で仕入れをする		お店へもどる、移動しながらラジオでニュースを聞く		朝食、議会へ移動する	本会議に出席する			昼食		本会議に出席する		意見書を読む調べものをする		お店にもどって仕事をする		帰宅、夕食	翌日の本会議の準備をする	入浴、ねる

お客さんの会話をよく聞いています

カトウ議員の会期中のある1日の行動

午前3時	4時	5時	6時	7時	8時	9時	10時	11時	12時	午後1時	2時	3時	4時	5時	6時	7時	8時	9時	10時	11時
起きる、家族のお弁当をつくる	朝食、畑へ行く		作業中にラジオでニュースを聞く		農作業をする		帰宅、議会へ移動する	本会議に出席する		昼食		本会議に出席する			委員会に出席する		帰宅、夕食	住民の要望を聞く翌日の本会議の準備をする		入浴、ねる

住民の話を聞く時間も大切よね

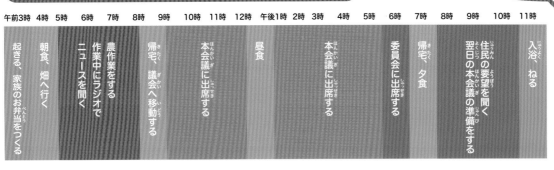

ニュースは作業しながら聞いています

時間の使い方が上手だね

まちで働いているので住民の気持ちがわかる

仕事をかけ持ちする議員は、そのまちで働いています。そのため、まちで働く人たちと話をすることが多く、気持ちもわかりやすいのです。

住民の意見や要望を聞く

同じまちで仕事をかけ持ちする議員は、住民からの要望を首長や役所に伝えてほしいとたのまれることが多くあります。その場合は、住民から話をよく聞いてとりまとめます。

くずれた農道を
直してほしい

これはすぐに
話し合わないと！

住民が意見や要望を伝える方法

請願
議員にしょうかいしてもらうなど、法律で決められた手続きを行って、住民の要望を伝える方法です。

陳情
特に決まった手続きはなく、住民が直接、首長や役所、議会などに要望を伝える方法です。

議員さんに聞いてみた！

家族と社員に助けてもらえないと議員活動はできません

建設会社を経営していますが、初めて当選した後の4年間は、家族も会社も後回し。とにかく議員として住民の役に立てるよう必死でした。家族サービスもほとんどできず、会社は信頼できる社員がいてくれたから、今も続けていられます。議員はまわりで助けてくれる人がいたからできたと思います。

かけ持ち議員が多いので、いつでも議会を開けるようにしました

わたしのまちは人口が減って、多くの議員がほかの仕事をしています。そのため、会期を1年とする通年会期制を採用しています。これは最初に本会議の日にちを決めずに、話し合う必要があるときに集まる方法です。毎年、いそがしいときに本会議が開かれていて大変だったのですが、予定を調整しやすくなりました。

地域とつながりが強い議員

長くその地域にくらし、さまざまなつながりをもつ議員は、
たくさんの住民の声を聞くことができ、それらをまちづくりに生かすことができます。

まちの相談役

何か困り事があったら、わたしに言ってね！といつもまわりに話しています。なんでも解決できるわけではないけれど、相談してもらうことが第一歩ですから。

キノシタ議員

41歳。議員2期目。3代続く議員の家に生まれ、子どものころから地域住民との交流が深い。

後援会が助けてくれる

わたしのおじいさん、お父さんも議員を長く務めていたので、いろいろな年齢の住民が、後援会という応援してくれる人の集まりに入ってくれています。

住民との熱心な交流を行っている

議会での話し合いだけでなく、住民とさらに交流を深めるのも地方議員の仕事の一つ。自ら広く意見を集めたり、まちの行事に参加したりするほか、住民の要望にこたえて、あちこちに足を運びます。

ほかの地方議員にもいえることだけどね

住民と意見交換会を開く

意見交換会とは、住民と議員が意見を伝え合って、まちやおたがいへの理解を深める会のことです。知り合いが多いので、たくさんの意見が出ます。

地元の行事に出席する

学校の運動会やお祭りなど、地元の行事に招かれて出席する機会も多いです。こうした行事では住民と交流を深めることができて、住民の声を直接聞くこともできます。

後援会を通じて住民の要望をまとめる

後援会は、住民の意見をまとめる役割もしていて、議員一人だけでは集められないまちの声を、集めています。これをもとに住民の要望を議会に届けることもあります。

住民とのつながりがあってこその活動です

議員さんに聞いてみた!

古い町並みを守りつつ、都市整備計画を進められました

古い建物や町並みの美しい場所は、観光客に来てもらうことができるので大切ですが、災害に強いまちづくりをすることも大切です。首長が提案した都市整備計画案をもとに、長くそこにくらす住民とたくさんの話し合いをして、美しい町並みを守りながら進められる都市整備計画案をつくりました。

新しい住民と昔からの住民の意見交換会を開きました

開発が進んで新しい家がたくさん建ったことで、子どもを育てる若い人たちが増えました。古くから住んでいる高齢者の中には、生活時間がちがうことやにぎやかな声が気になり、不安に感じている人もいました。そこで、地域の公民館を借りて住民同士の意見交換会を行い、交流をもてるようにしました。

地方議員と<ruby>議<rt>ぎ</rt>員<rt>いん</rt></ruby>と いっしょに<ruby>働<rt>はたら</rt></ruby>く人たち <ruby>首<rt>しゅ</rt>長<rt>ちょう</rt></ruby>

まちづくりのためには、<ruby>議<rt>ぎ</rt>員<rt>いん</rt></ruby>のほかにもいろいろな人が<ruby>働<rt>はたら</rt></ruby>いています。
まずはまちの代表者である<ruby>首<rt>しゅ</rt>長<rt>ちょう</rt></ruby>を見ていきましょう。

<ruby>首<rt>しゅ</rt>長<rt>ちょう</rt></ruby>

<ruby>選<rt>せん</rt>挙<rt>きょ</rt></ruby>で<ruby>選<rt>えら</rt></ruby>ばれたまちの代表者。<ruby>都<rt>と</rt>道<rt>どう</rt>府<rt>ふ</rt>県<rt>けん</rt></ruby>では知事、市町村では長（市長や町長など）と呼ばれます。<ruby>議<rt>ぎ</rt>会<rt>かい</rt></ruby>で決まったことを実行したり、まちづくりの<ruby>提<rt>てい</rt>案<rt>あん</rt></ruby>をしたりするのが仕事です。

クドウ<ruby>市<rt>し</rt>長<rt>ちょう</rt></ruby>

55<ruby>歳<rt>さい</rt></ruby>。<ruby>市<rt>し</rt>議<rt>ぎ</rt>会<rt>かい</rt>議<rt>ぎ</rt>員<rt>いん</rt></ruby>として2期<ruby>働<rt>はたら</rt></ruby>いた後、市長に<ruby>立<rt>りっ</rt>候<rt>こう</rt>補<rt>ほ</rt></ruby>。<ruby>当<rt>とう</rt>選<rt>せん</rt></ruby>後、12年間市長を<ruby>務<rt>つと</rt></ruby>めている。

<ruby>女<rt>じょ</rt>性<rt>せい</rt>首<rt>しゅ</rt>長<rt>ちょう</rt></ruby>の人数

（人）
50
40 ── 37人 ──── 36人 ──── 42人
30
20
10

<ruby>令<rt>れい</rt>和<rt>わ</rt></ruby>元年　<ruby>令<rt>れい</rt>和<rt>わ</rt></ruby>2年　<ruby>令<rt>れい</rt>和<rt>わ</rt></ruby>3年

<ruby>女<rt>じょ</rt>性<rt>せい</rt>首<rt>しゅ</rt>長<rt>ちょう</rt></ruby>は少しずつ<ruby>増<rt>ふ</rt></ruby>えていますが、<ruby>男<rt>だん</rt>性<rt>せい</rt>首<rt>しゅ</rt>長<rt>ちょう</rt></ruby>は1742人（<ruby>令<rt>れい</rt>和<rt>わ</rt></ruby>3年）でまだまだ<ruby>差<rt>さ</rt></ruby>があります。

（総務省「地方公共団体の議会の議員及び長の所属党派別人員調」より。数字は各年12月31日のもの）

まちづくりの計画を考え、実行する

首長は、住民のための取り組みやお金の使い方を計画し、提案します。
また、議会で決まったことを役所の職員と協力して実行する役割があります。

首長の計画は議会が認めて初めて実行できる

首長が立てた計画を実行するには、議案として議会に提出し、可決される必要があります。もし議会に「まちのためにならない」と判断され、否決されたら、その計画を実行することはできません。

首長と議員は
どちらかがえらいという
わけではないんだよ

首長と議会が対立することもある

まちづくりは多くの人にかかわっていて、多くのお金がかかります。そのため、首長の提案に対し、議会が反対して対立することもあります。まちのことを一番に考えていれば、意見が食いちがうこともあるのです。大切なのはそのうえでしっかり話し合うことです。

どちらも本気だ～！

首長さんに聞いてみた！

首長と議員の両方を経験してわかったこと

わたしは市議会議員を2期、その後同じ市の市長を3期務めています。議員を辞めて市長選挙に出た最大の理由は、まちをよくしていくには、市長の方がより適していると思ったからです。市長は計画を提案する。議会は計画を認めるかどうかを話し合って決める。両方の仕事を経験したことで、たがいが本気で取り組む関係が大切だと、改めて感じました。

地方議員と いっしょに働く人たち　議会事務局の職員

地方議員の活動を助けるのが議会事務局の職員です。そこで働く事務局長や職員は、議会で使ういろいろな書類を準備したり、調べものをしたりして、議会を支えます。

事務局長

議会事務局の代表。議長の秘書のような立場で仕事を支えます。

職員

議会がスムーズに運営できるよう、書類作成など細かな仕事を行っています。

ケンジョウ事務局長

58歳。14年間議会事務局の職員として働き、4年前から事務局長を務める。

コンドウさん、サトウさん

市役所職員として就職。住民課や建設課、福祉保育課などで働いた後、議会事務局の職員になる。

事務局長の仕事

事務局長の仕事は、議長を助けることです。本会議中には議長のとなりや後ろに座っていて、何か起きたときに対応するほか、資料の準備、外出や来客の予定を調整するなど、議長の活動を支えています。

まるで芸能人のマネージャーみたい！

議長とずっといっしょにいます

職員の仕事

議会にかかわる事務を担当します。書類作成や会議の記録など、本会議や委員会を順調に進めるための準備や、議会の活動を住民に知らせる取り組みも行っています。

代表的な仕事は右の3つだよ

議事録の作成

意見をふり返り、住民に公表するために、会議を正確に記録した議事録をつくる。

議会資料づくり

議案や意見書の内容など、議会での話し合いに必要な資料を議員といっしょにつくる。

議会の広報活動

議会の活動を知ってもらうために、議員と協力して議会だよりを発行したり、議員と住民との交流会や、子ども議会を計画したりする。

事務局長、職員さんに聞いてみた！

どの議会でも事務局長はいそがしい

事務局長は議長を助ける役割ですが、これは議会の中だけではありません。議長が招かれる集まりや、いろいろな所への視察、来客への応対などもいつもいっしょに行います。もちろん事務局内の仕事もあるので、どの議会でも事務局長はとてもいそがしいと思います。

事務局職員として心がけているのは中立な裏方であること

議会事務局の職員は議会で仕事をしていますが、選挙で選ばれた議員とはちがって、役所の職員でもあります。議会と首長の意見が対立したときは、どちらの味方にもならず、間をとりもちながらかげで支えるのが大事な役目だと思っています。

地方議員さんに10の質問

Q1 なぜ議員になったのですか?

「まちをよくして、育ったまちに恩返ししたい」という気持ちから議員になりました。ほかにも、「学生時代に政治を学んで興味をもった」、「地域に不満があり、自分でまちを変えたくなった」、「まわりの応援を受けて立候補した」という人もいるようです。

Q2 話し合いをするときに大切なことが知りたい

みなさんは話し合いのとき、つい強い口調で話したり、相手を否定したりしていませんか? 話し合いの目的は自分の意見を通すことではなく、みんなの意見をまとめて問題を解決することです。意見を言うだけではなく、相手の意見を聞くことも大切ですよ。

Q3 市町村と都道府県の議員のちがいを教えて!

一番のちがいは、担当するまちの広さです。市町村に比べ、都道府県は規模がぐんと大きくなります。そのため、そこでくらす人たちの数が増え、議員の責任もその分大きくなっています。

いろいろな地方議員がいるんだね

Q4 議員どうしの仲はいい? 悪い?

もちろん仲がいい議員もいれば、そうでない人もいます。みなさんもクラスに仲がいい人、苦手な人がいるのではないでしょうか。しかし、みんな「まちをよくしたい」という気持ちは同じ。おたがいの意見を認め合って、まちのためになる話し合いをするよう心がけています。

Q5 選挙で落選したらどうなるの?

議員は落選すると仕事がなくなってしまいます。もちろん収入もゼロ。ですので、ほかの仕事をしながら、ほかの議員の講演会の手伝いをしたり自治会の会長を引き受けたりして、まちや議会についての勉強をして、次の選挙での当選をめざします。

ここまでいろいろな地方議員について見てきましたが、最後にちょっと気になることを聞いてみました。あなたのまちの議員さんは同じ質問にどう答えてくれるでしょうか。一度聞いてみましょう！

 Q6 将来議員になるために役立つことは？

 A 興味のあることにどんどん挑戦して、たくさんの人とかかわってください。まちの問題はいろいろあるので、みなさんが夢中になったことが 解決のためになることもあるのです。また、人とかかわることは、住民の思いに気づく力になります。政治について勉強するのもいいですね。

 Q7 選挙権が18歳からになったのをどう思いますか？

 A 若い人が政治に参加できるようになってとてもうれしいです。しかし、まだ選挙への関心が高くないの かなとも感じています。どうやって選挙やまちづくりに興味をもってもらうかが今後の課題ですね。

ボクも投票したいな～

 Q8 議長や委員長になると報酬はアップしますか？

 A まちごとにちがいますが、議長は、10～20%ほど報酬が増えます。その分、議会の代表という責 任をもつことになります。委員長は2～3%報酬が増えるまちもありますが、ほとんどは変わりません。

お金が目的じゃないものね！

 Q9 議員になってよかったことはなんですか？

 A 議員はやることが多く、なかなか休めない大変な仕事ですが、がんばった結果、住民のみなさんから「くらしやすくなった」、「ありがとう」と いう言葉をもらうと、本当にうれしいです。自分の働きで、自分がくらすまちに恩返しができるのは議員ならではの喜びですね。

 Q10 小学生のときに議員をどう思っていましたか？

 A 小学生のころは議員という仕事を知りませんでした。自分たちの声でまちが変えられることを知ったのも、大人になってからです。だからこそ、こ の本で議員について知ったみなさんには、どんどん要望を伝えてほしいです。その声が、みなさんのまちの未来をもっとよくするはずですよ。

みんなのためにがんばる地方議員
〜議員の活動がまちの未来を変えていく〜

地方議員はみなさんの代表として、まちづくりを行っています。みなさんのくらしがどう変わっていくかは、議員の活動にかかっています。議員を知ることは、まちの未来を知ることにつながるのです。

さくいん

監修

廣瀬和彦

（株）地方議会総合研究所代表取締役
明治大学政治経済学部兼任講師・明治大学公共政策大学院兼任講師
元全国市議会議長会法制参事
慶應義塾大学大学院法学研究科修士課程修了
全国市議会議長会で長年にわたり議会運営・議会制度の立案・運用に携わる。

イラスト	アライヨウコ
	ニシノアポロ
	小倉隆典
装丁・アートディレクション	宇田隼人（ダイアートプランニング）
デザイン	土井翔史（ダイアートプランニング）
構成	山本克典（シーオーツー）
原稿	小園雅美
企画編集	若倉健亮（中央経済グループパブリッシング）
	シーオーツー
校正	小林伸子
協力	村山幸治（明治大学付属中野中学・高等学校教諭）
	江藤俊昭（大正大学社会共生学部公共政策学科教授）
	茨城県坂東市議会　大分県大分市議会
	岡山県赤磐市議会　埼玉県議会
	滋賀県大津市議会　東京都墨田区議会
	兵庫県芦屋市議会　北海道芽室町議会（五十音順）
	インタビューに協力してくれた
	議員、元首長、職員のみなさん

写真協力　　　　　　　（株）地方議会総合研究所

主な参考資料

『図解　地方自治はやわかり』（学陽書房）
『地方自治のしくみがわかる本』（岩波書店）
総務省
●サイト
全国市議会議長会
全国町村議会議長会
各自治体HP

わたしたちのくらしと地方議会
❷議員の仕事

2023年3月25日　第1刷発行

監修者	廣瀬和彦
発行所	株式会社中央経済グループパブリッシング
	〒101-0051　東京都千代田区神田神保町1-31-2
	TEL03-3293-3381　FAX03-3291-4437
	https://www.chuokeizai.co.jp
発売元	株式会社小峰書店
	〒162-0066　東京都新宿区市谷台町4-15
	TEL03-3357-3521　FAX03-3357-1027
	https://www.komineshoten.co.jp/
印刷・製本	図書印刷株式会社

©2023 Chuokeizai Group Publishing　Printed in Japan
ISBN978-4-338-36102-6　NDC318　47P　30×22cm